kaléidoscope
lutin poche de l'école des loisirs
11, rue de Sèvres, Paris 6e

Farafina sait où trouver, au cœur de la forêt,
les plus belles fleurs de jujubier.
Quel beau cadeau d'anniversaire pour sa maman :
ce sont celles qu'elle préfère !
Soudain un cri strident jaillit de derrière un buisson.

Horreur ! un serpent s'apprête
à avaler tout cru un petit bébé tout nu.
N'écoutant que son courage, Farafina saisit un bâton
et PING ! d'un grand coup sur la tête, elle étourdit
le reptile, et PAF ! d'un deuxième coup elle l'assomme
et POUM ! d'un troisième coup elle le tue.

Le bébé est sauvé. Il sourit. Farafina aussi.
Il n'y a personne alentour.
« Seul et abandonné dans la forêt… » s'écrie Farafina. « Mais ce n'est pas un endroit pour un tout-petit comme toi ! »

« D'ailleurs, tu tombes à point.
Maman répète sans cesse que ses enfants
sont ses trésors, ses plus beaux bijoux, ce qu'elle a
de plus cher au monde. Elle sera comblée
pour son anniversaire ! »
Farafina emballe délicatement le bébé
dans un écrin de feuilles.
Puis elle noue le serpent autour en guise de ruban.

Rodolphe, Irénée, N'Gundrun, Rachid, Kokocelle, Mérimée, Pablita, Mazarine et toi suffisez largement à mon bonheur. Pourquoi ne pas le confier à Tante Drosera, elle qui veut un enfant depuis toujours ? »

« AH NON ! » s'exclame Farafina. « Plutôt remettre ce bébé dans la gueule du boa ! Tante Drosera a trop mauvais caractère ! »

« Elle a du poil au menton ! » renchérit Mazarine.

« Ça pique quand elle embrasse… » ajoute Pablita.

« Et puis elle ronfle ! » dit Mérimée.

«Vous exagérez!» s'écrie Maman. «Tante Drosera est juste un peu bourrue... parfois... c'est tout. Nous ferons comme j'ai dit.»

« Regarde ! » hurle Farafina. « La petite pleure !
Elle ne veut pas nous quitter ! Et encore moins
aller chez Tante Drosera ! »
« Mais non », rétorque Maman. « Elle pleure
parce qu'elle a faim. »
« Alors donnons-lui à manger », dit Farafina.
« Tante Drosera ne supporte pas les bébés
qui pleurent ! »

« Bon, bon », soupire Maman en revenant sur ses pas.
« Nous donnerons un biberon à ce bébé,
mais un seul, tu m'entends ? »
« Oui, oui, Maman », dit Farafina.

Le bébé boit goulûment.
Mazarine, Pablita, Mérimée, Kokocelle, Rachid,
N'Gundrun, Irénée, Rodolphe et Farafina le regardent,
émerveillés. « Comme elle est mignonne ! »
« Pas plus que n'importe quel bébé », bougonne Maman.

Alors que Maman s'apprête à partir chez Tante Drosera,
le bébé fait pipi. Les enfants éclatent de rire.
« Nous ne pouvons pas laisser cette petite toute nue »,
dit Pablita. « Elle ferait pipi sur Tante Drosera ! Et puis
il faut la protéger du chaud, du froid et des moustiques… »
« Elle sera encore plus jolie avec une robe ! » ajoute N'Gundrun.
« Ils ont raison », constate Papa. « Moi, je m'occupe du tissu. »
Maman soupire et dit : « D'accord, mais quand elle sera vêtue… »
« Oui, oui, Maman », répondent les enfants en chœur.

Tout le monde s'affaire. Irénée dessine un modèle, Rodolphe coupe le tissu, N'Gundrun l'épingle, Rachid le taille, Kokocelle l'assemble, Mérimée le faufile, Pablita le coud, Mazarine l'ourle.
Et c'est Farafina qui enfile une superbe robe à la petite. Comme un bonbon dans un emballage, elle est à croquer !
« C'est vrai qu'elle est mignonne », concède Maman.
« Mais il est plus que temps… »

« Attends, Maman, la nuit tombe », dit Farafina.
« Nous pouvons la garder jusqu'à demain. »
« Mais alors, il lui faut un berceau pour dormir », dit Rodolphe.
« Fabriquons en un ! »
Mazarine, Pablita, Mérimée, Kokocelle, Rachid, N'Gundrun,
Irénée, Rodolphe et Farafina se mettent au travail.
Ils scient, ils percent, ils poncent, ils vissent, ils clouent
et ils rabotent.
« Il faudrait quand même lui donner un bain », songe Maman.
Le bébé gazouille. Maman rit, bien malgré elle.

Au milieu de la nuit, dans la maison endormie,
un cri terrible retentit. Maman accourt :
le bébé est brûlant de fièvre.

Maman, Papa, Mazarine, Pablita, Mérimée, Kokocelle,
Rachid, N'Gundrun, Irénée, Rodolphe et Farafina
se précipitent chez le médecin, le tirent du lit
et le supplient d'examiner la petite.
« Soyez sans crainte », les rassure le docteur. « Elle va vite guérir. »
Maman pousse un soupir de soulagement.
« Merci, docteur, mille mercis », dit-elle.
« Vous comprenez », ajoute Papa, « nos enfants sont nos trésors,
nos plus beaux bijoux, ce que nous avons de plus cher
au monde ! »

Maman serre le bébé tendrement contre son cœur.
« Les enfants, vous avez gagné… » dit-elle, « … une petite sœur !
Farafina, comment veux-tu l'appeler ? »
« Jujube ! » répond celle-ci sans hésiter.
Maman en tête, toute la famille fait le tour du village
pour présenter Jujube. Tante Drosera, elle, est enchantée
d'être la marraine d'une si jolie fillette. Finalement,
se disent les enfants, ses baisers ne piquent pas tant que ça…

La vie a repris son cours. Mazarine, Pablita, Mérimée, Kokocelle, Rachid, N'Gundrun, Irénée, Rodolphe et Farafina adorent leur petite sœur. Et Maman ne peut s'empêcher de sourire quand elle regarde Jujube.
«C'est vrai que mes enfants sont mes trésors, mes plus beaux bijoux, ce que j'ai de plus cher au monde!»

Première édition dans la collection *lutin poche* : octobre 1999
© 1998, kaléidoscope, Paris
Loi numéro 49 956 du 16 juillet 1949 sur les publications
destinées à la jeunesse : septembre 1998
Dépôt légal : octobre 1999
Imprimé en France par Jean Lamour à Maxéville